בית ספר - iskola 2
נסיעה - utazás 5
תחבורה - közlekedés 8
עיר - város 10
נוף - táj 14
מסעדה - étterem 17
סופרמרקט - szupermarket 20
שתיות - italok 22
אוכל - étel 23
חווה - gazdálkodás 27
בית - ház 31
סלון - nappali 33
מטבח - konyha 35
חדר אמבטיה - fürdőszoba 38
חדר ילדים - gyerekszoba 42
בגדים - ruházat 44
משרד - iroda 49
כלכלה - gazdaság 51
מקצועות - foglalkozások 53
כלי עבודה - szerszámok 56
כלי נגינה - hangszerek 57
גן חיות - állatkert 59
ספורט - sportok 62
פעילויות - tevékenységek 63
משפחה - család 67
גוף - test 68
בית חולים - kórház 72
חירום - vészhelyzet 76
כדור הארץ - föld 77
שעון - óra 79
שבוע - hét 80
שנה - év 81
צורות - alakzatok 83
צבעים - színek 84
הפכים - ellentétek 85
מספרים - számok 88
שפות - nyelvek 90
מי / מה / איך - ki / mi / hogyan 91
איפה - hol 92

Impressum
Verlag: BABADADA GmbH, Nedderfeld 112 , 22529 Hamburg
Geschäftsführer / Verlagsleitung: Harald Hof
Druck: Books on Demand GmbH, In de Tarpen 42, 22848 Norderstedt

Imprint
Publisher: BABADADA GmbH, Nedderfeld 112 , 22529 Hamburg, Germany
Managing Director / Publishing direction: Harald Hof
Print: Books on Demand GmbH, In de Tarpen 42, 22848 Norderstedt

1

בית ספר

iskola

כיתה
osztályterem
חילק
oszt
186/2
לוח
asztal
iskolaudvar
מורה
tanár
נייר
papír
כתב
írni
עט
toll
שולחן עבודה
íróasztal
סרגל
vonalzó
ספר
könyv
תלמיד
tanuló

ילקוט

iskolatáska

קלמר

tolltartó

עיפרון

ceruza

מחדד

ceruzahegyező

גומי מחיקה

radír

חוברת סרטוט

rajzfüzet

סרטוט

rajz

מברשת

ecset

קופסת צבעים

festőkészlet

מספריים

olló

דבק

ragasztó

ספר תרגול

munkafüzet

שיעור בית

házi feladat

מספר

szám

חיבר

összead

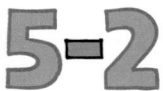

חיסר

kivon

הכפיל

szoroz

חישב

számol

אות

betű

אלפבית

ABC

מילה

szó

טקסט

szöveg

קרא

olvasni

גיר

kréta

שיעור

tanóra

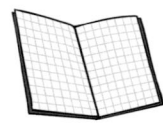

יומן נוכחות

napló

מבחן

vizsga

תעודה

bizonyítvány

תלבושת בית ספר

iskolai egyenruha

חינוך

oktatás

אנציקלופדיה

enciklopédia

אוניברסיטה

egyetem

מיקרוסקופ

mikroszkóp

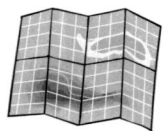

מפה

térkép

סל נייר

papír-hulladék gyűjtő

נסיעה

utazás

מלון
hotel
הוסטל
szállás
המרת מטבע
valutaváltó iroda
מזוודה
bőrönd
אוטו
autó

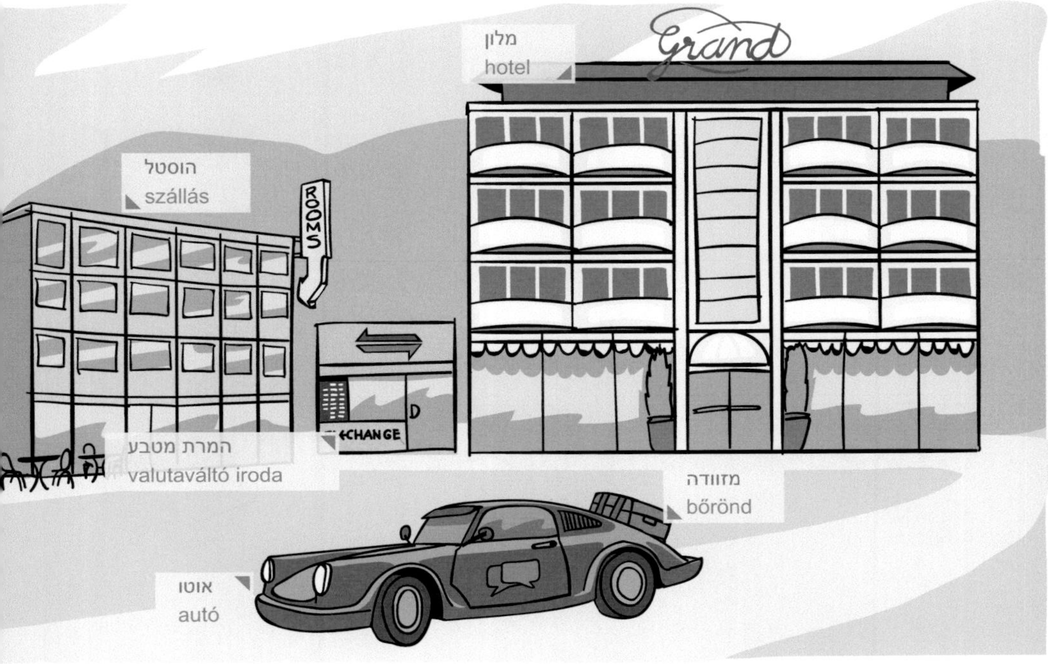

שפה

nyelv

כן / לא

igen/nem

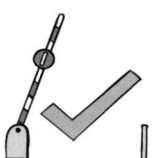

בסדר

rendben

שלום

szia

מתרגם

fordító

תודה

köszönöm

כמה עולה.....?

mennyibe kerül…?

אני לא מבין

nem értem

בעיה

probléma

ערב טוב!

Jó estét!

בוקר טוב!

jó reggelt!

לילה טוב!

jó éjszakát!

להתראות

viszontlátásra

כיוון

útirány

כבודה

poggyász

תיק

táska

תרמיל גב

hátizsák

אורח

vendég

חדר

szoba

שק שינה

hálózsák

אוהל

sátor

מרכז מידע לתיירים

turista információ

חוף ים

strand

כרטיס אשראי

hitelkártya

ארוחת בוקר

reggeli

ארוחת צהריים

ebéd

ארוחת ערב

vacsora

כרטיס

jegy

מעלית

lift

בול

bélyeg

גבול

határ

מכס

vám

שגרירות

nagykövetség

אשרה

vízum

דרכון

útlevél

תחבורה

közlekedés

מטוס
repülőgép
אונייה
hajó
כבאית
tűzoltóautó
משאית
tehergépkocsi
אוטובוס
busz
סירת מנוע
motorcsónak
אופניים
bicikli
אוטו
autó

מעבורת

komp

סירה

csónak

אופנוע

motorkerékpár

ניידת משטרה

rendőrautó

מכונית מרוץ

versenyautó

רכב שכור

bérautó

מכוניות בשיתוף

telekocsi

אוטו גרר

vontató

משאית זבל

szemetes autó

מנוע

motor

דלק

üzemanyag

תחנת דלק

benzinkút

תמרור

közlekedési tábla

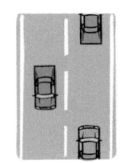

תנועה

forgalom

פקק תנועה

forgalmi dugó

חניה

parkoló

תחנת רכבת

vonatállomás

פסי רכבת

sínek

רכבת

vonat

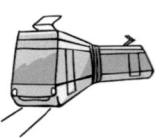

רכבת קלה

villamos

קרון

vagon

מסוק

helikopter

שדה-תעופה

repülőtér

מגדל

torony

נוסע

utas

קונטיינר

konténer

קרטון

kartondoboz

עגלה

taliga

סל

kosár

המראה / נחיתה

felszáll / leszáll

עיר

város

כפר

falu

מרכז העיר

városközpont

בית

ház

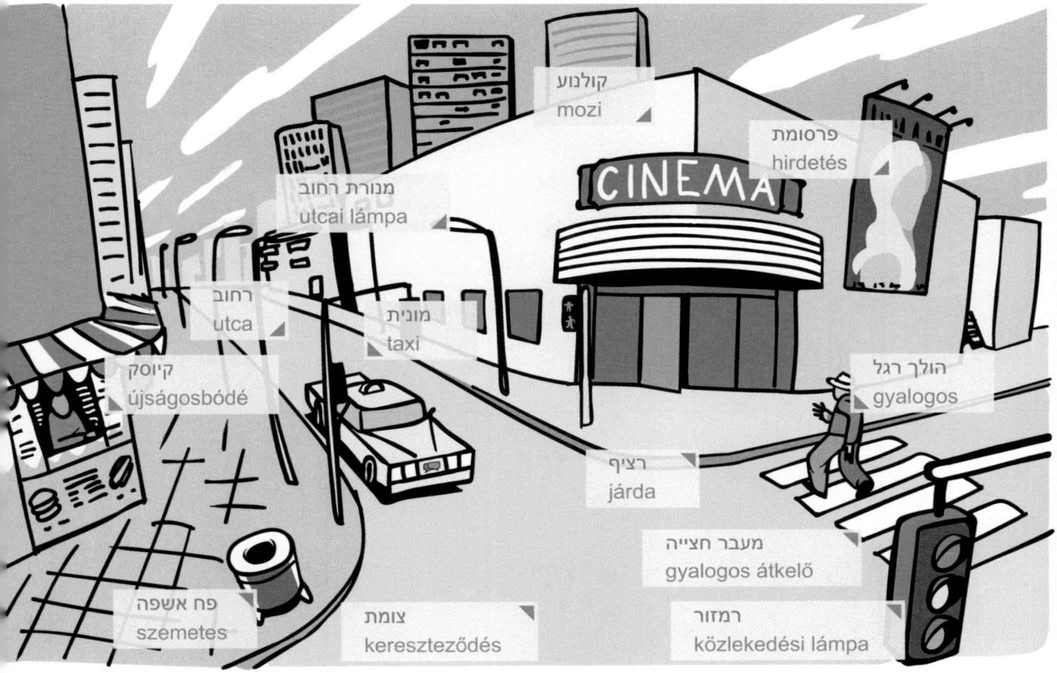

CINEMA
קולנוע
mozi
פרסומת
hirdetés
מנורת רחוב
utcai lámpa
רחוב
utca
מונית
taxi
קיוסק
újságosbódé
הולך רגל
gyalogos
רציף
járda
מעבר חצייה
gyalogos átkelő
פח אשפה
szemetes
צומת
kereszteződés
רמזור
közlekedési lámpa

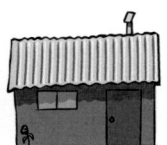

בקתה

kunyhó

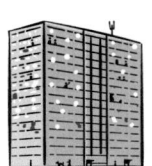

דירה

lakás

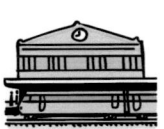

תחנת רכבת

vonatállomás

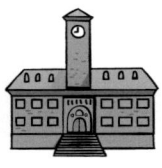

עירייה

városháza

MUSEUM

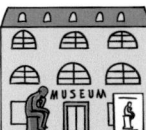

מוזיאון

múzeum

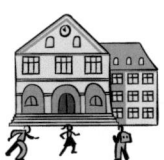

בית ספר

iskola

אוניברסיטה

egyetem

בנק

bank

בית חולים

kórház

מלון

hotel

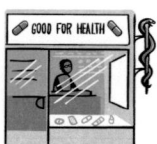

בית מרקחת

gyógyszertár

משרד

iroda

חנות ספרים

könyvesbolt

חנות

üzlet

חנות פרחים

virágüzlet

סופרמרקט

szupermarket

שוק

piac

כל-בו

áruház

מוכר דגים

halárus

קניון

bevásárló központ

נמל

kikötő

פארק

park

ספסל

pad

גשר

híd

מדרגות

lépcső

רכבת תחתית

metró

מנהרה

alagút

תחנת אוטובוס

buszmegálló

בר

bár

מסעדה

étterem

תא דואר

postaláda

שלט רחוב

utcatábla

מדחן

parkoló óra

גן חיות

állatkert

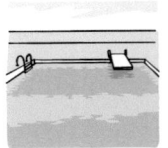

בריכת שחיה

uszoda

מסגד

mecset

חווה

gazdálkodás

זיהום

környezetszennyezés

בית עלמין

temető

כנסייה

templom

מגרש משחקים

játszótér

בית מקדש

szentély

נוף
táj

![táj illusztráció]

- עלה — levél
- תמרור — útjelző tábla
- דרך — út
- מרעה — rét
- אבן — kő
- עץ — fa
- מטייל — túrázó
- נהר — folyó
- דשא — fű
- פרח — virág

בקעה

völgy

הר

domb

אגם

tó

יער

erdő

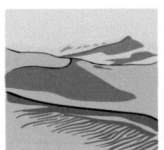

מדבר

sivatag

הר געש

vulkán

טירה

kastély

קשת בענן

szivárvány

פטריה

gomba

דקל

pálmafa

יתוש

szúnyog

זבוב

légy

נמלה

hangya

דבורה

méhecske

עכביש

pók

חיפושית

bogár

צפרדע

béka

סנאי

mókus

קיפוד

sündisznó

ארנב

nyúl

ינשוף

bagoly

ציפור

madár

ברבור

hattyú

חזיר בר

vaddisznó

צבי

szarvas

אייל הקורא

rénszarvas

סכר

gát

טורבינת רוח

szélturbina

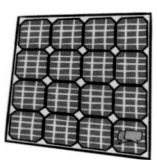

פנל סולארי

napelem

אקלים

éghajlat

מסעדה
étterem

מלצר
pincér
תפריט
menü
כסא
szék
מרק
leves
פיצה
pizza
סכו"ם
evőeszköz
מפת שולחן
terítő

מנת פתיחה
előétel

מנה עיקרית
főétel

קינוח
desszert

שתיות
italok

אוכל
étel

בקבוק
üveg

מזון מהיר

gyorsétel

אוכל רחוב

gyorsétel

קנקן תה

teás kanna

מסכרת

cukortartó

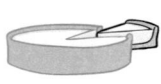

מנה

adag

מכונת אספרסו

eszpresszógép

כסא תינוק

bárszék

חשבון

számla

מגש

tálca

סכין

kés

מזלג

villa

כף

kanál

כפית

teáskanál

מפית

szalvéta

כוס

pohár

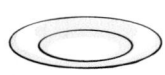

צלחת

tányér

קערת מרק

leveses tányér

תחתית

csészealj

רוטב

szósz

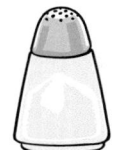

מלחייה

sószóró

מטחנת פלפל

borsőrlő

חומץ

ecet

שמן

étkezési olaj

תבלינים

fűszerek

קטשופ

ketchup

חרדל

mustár

מיונז

majonéz

סופרמרקט
szupermarket

מבצע
különleges ajánlat
לקוח
ügyfél
מוצרי חלב
tejtermék
פירות
gyümölcsök
עגלת קניות
bevásárló kocsi

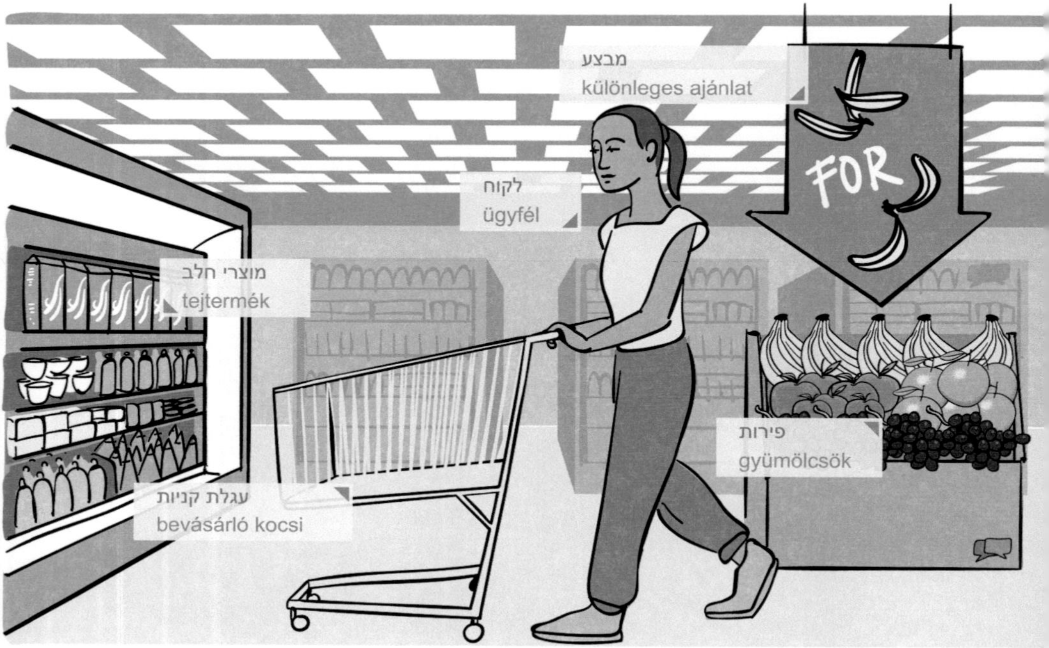

אטליז
hentes

מאפייה
pékség

שקל
nyom valamennyit

ירקות
zöldség

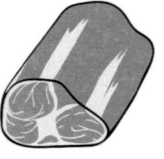

בשר
hús

מזון קפוא
fagyasztott áru

בשר קר

felvágott

שימורים

konzerv

אבקת כביסה

mosópor

ממתקים

édességek

מוצרי בית

háztartási termék

חומר ניקוי

tisztítószerek

מוכרת

eladó

קופה

pénztárgép

קופאי

eladó

רשימת קניות

bevásárló lista

שעות פתיחה

nyitva tartás

ארנק

levéltárca

כרטיס אשראי

hitelkártya

תיק

zacskó

שקית נילון

műanyag zacskó

שתיות
italok

מים

víz

מיץ

gyümölcslé

חלב

tej

קולה

kóla

יין

bor

בירה

sör

אלכוהול

alkohol

קקאו

kakaó

תה

tea

קפה

kávé

אספרסו

eszpresszó

קפוצ'ינו

kapucsínó

בננה

banán

תפוח

alma

תפוז

narancs

אבטיח

sárgadinnye

לימון

citrom

גזר

sárgarépa

שום

fokhagyma

במבוק

bambusz

בצל

hagyma

פטריות

gomba

אגוזים

magvak

אטריות

nokedli

ספגטי

spagetti

אורז

rizs

סלט

saláta

צ'יפס

sült krumpli

צ'יפס

sült burgonya

פיצה

pizza

המבורגר

hamburger

כריך

szendvics

שניצל

hússzelet

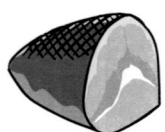

שינקין

sonka

סלאמי

szalámi

נקניקיה

kolbász

עוף

csirke

טיגון

pecsenye

דג

hal

שיבולת שועל

zabkása

מוזלי

müzli

קורנפלקס

kukoricapehely

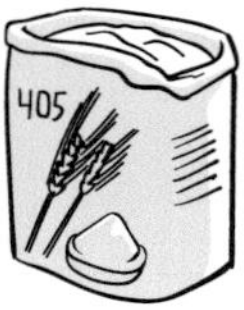

קמח

liszt

קרואסון

croissant

לחמנייה

zsemle

לחם

kenyér

טוסט

pirítós kenyér

עוגיות

keksz

חמאה

vaj

גבינה לבנה

túró

עוגה

sütemény

ביצה

tojás

ביצת עין

tükörtojás

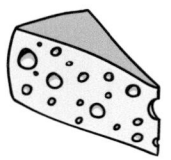

גבינה

sajt

גלידה
jégkrém

סוכר
cukor

דבש
méz

ריבה
lekvár

ממרח נוגט
mogyorókrém

קארי
curry

חווה
gazdálkodás

parasztház
חבילת שחת
szalmakazal
אסם
pajta
שדה
mező
סוס
ló
עגלת נגרר
vontató
טרקטור
traktor
סייח
csikó
חמור
szamár
כבש
juh
טלה
bárány

עז
kecske

פרה
tehén

עגל
borjú

חזיר
malac

חזרזיר
kismalac

שור
bika

אווז

liba

ברווז

kacsa

אפרוח

csibe

תרנגולת

tojó

תרנגול

kakas

חולדה

patkány

חתול

macska

עכבר

egér

שור

ökör

כלב

kutya

מלונה

kutyaház

צינור השקיה

kerti öntözőcső

קנקן מים

öntözőkanna

חרמש

kasza

מחרשה

eke

מגל

sarló

מגרפה

kapa

קלשון

vasvilla

גרזן

fejsze

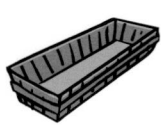

מריצה

talicska

שוקת

teknő

כד חלב

tejes kancsó

שק

zsák

גדר

kerítés

אורווה

istálló

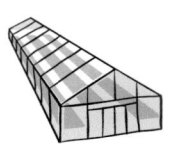

חממה

üvegház

אדמה

talaj

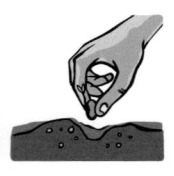

זרע

vetőmag

דשן

trágya

מקצרה

cséplőgép

קצר

szüretelni

קציר

betakarítás

בטטה אפריקנית

yamgyökér

חיטה

búza

סויה

szója

תפוח אדמה

burgonya

תירס

kukorica

קנולה

repcemag

עץ פירות

gyümölcsfa

קסבה

manióka

דגנים

gabona

בית
ház

ארובה
kémény
גג
tető
מרזב
eresz
חלון
ablak
מוסך
garázs
פעמון
ajtócsengő
דלת
ajtó
פח אשפה
szemetes
תיבת מכתבים
postaláda
גינה
kert

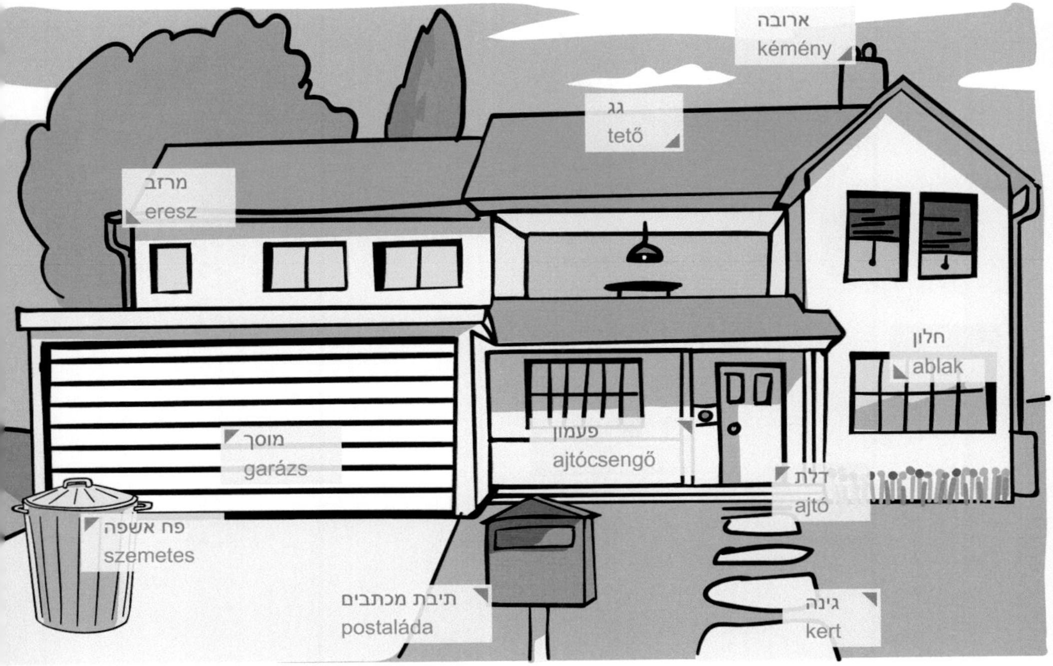

סלון
nappali

חדר אמבטיה
fürdőszoba

מטבח
konyha

חדר שינה
hálószoba

חדר ילדים
gyerekszoba

חדר אוכל
ebédlő

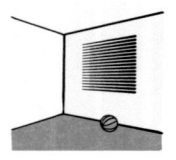

רצפה
padló

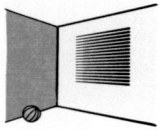

קיר
fal

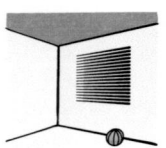

תקרה
plafon

מרתף
pince

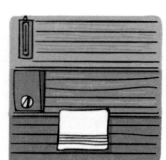

סאונה
szauna

מרפסת
erkély

מרפסת
terasz

בריכה
medence

מכסחת דשא
fűnyíró

סדין
lepedő

כיסוי מיטה
ágytakaró

מיטה
ágy

מטאטא
seprű

דלי
vödör

מפסק
kapcsoló

סלון
nappali

טפט
tapéta
תמונה
kép
מנורה
lámpa
מדף
polc
ארון
szekrény
טלוויזיה
televízió
אח
kandalló
פרח
virág
כרית
párna
ספה
kanapé
אגרטל
váza
שלט רחוק
távirányító

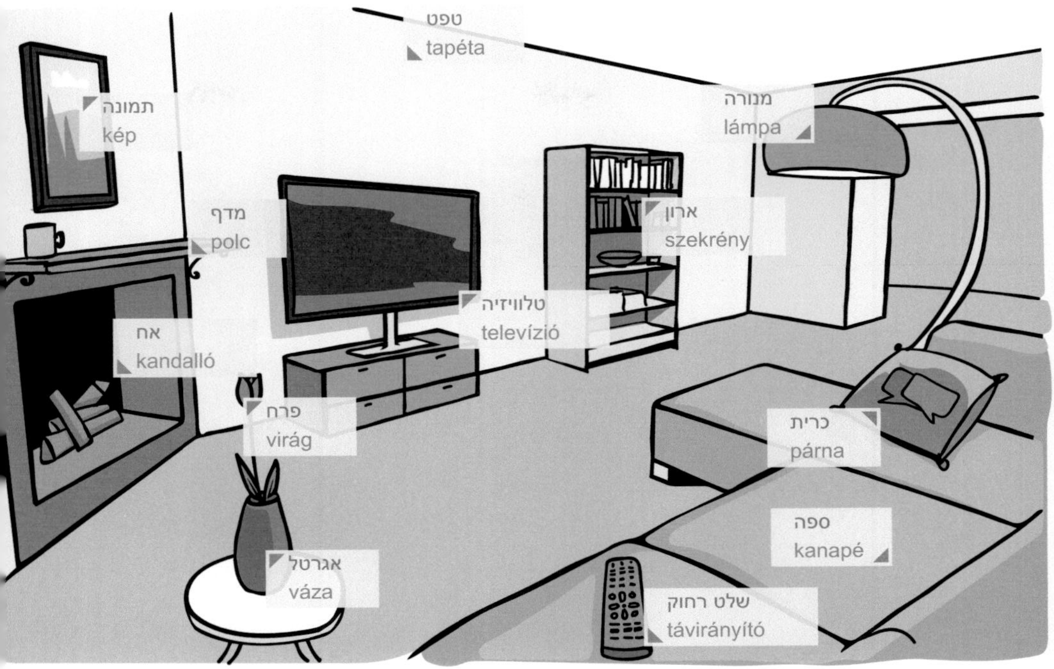

שטיח

szőnyeg

וילון

függöny

שולחן

asztal

כסא

szék

כיסא נדנדה

hintaszék

כורסה

karosszék

ספר

könyv

שמיכה

takaró

דקורציה

dekoráció

עצי הסקה

tűzifa

סרט

film

מערכת סטריאו

hifi

מפתח

kulcs

עיתון

újság

ציור

festmény

פוסטר

poszter

רדיו

rádió

מחברת

jegyzetfüzet

שואב אבק

porszívó

קקטוס

kaktusz

נר

gyertya

מטבח
konyha

מקרר
hűtőgép
מיקרוגל
mikrohullámú sütő
konyhai mérleg
טוסטר
kenyérpirító
חומר ניקוי
tisztítószer
תנור
tűzhely
מקפיא
fagyasztó
פח אשפה
szemetes
מדיח כלים
mosogatógép

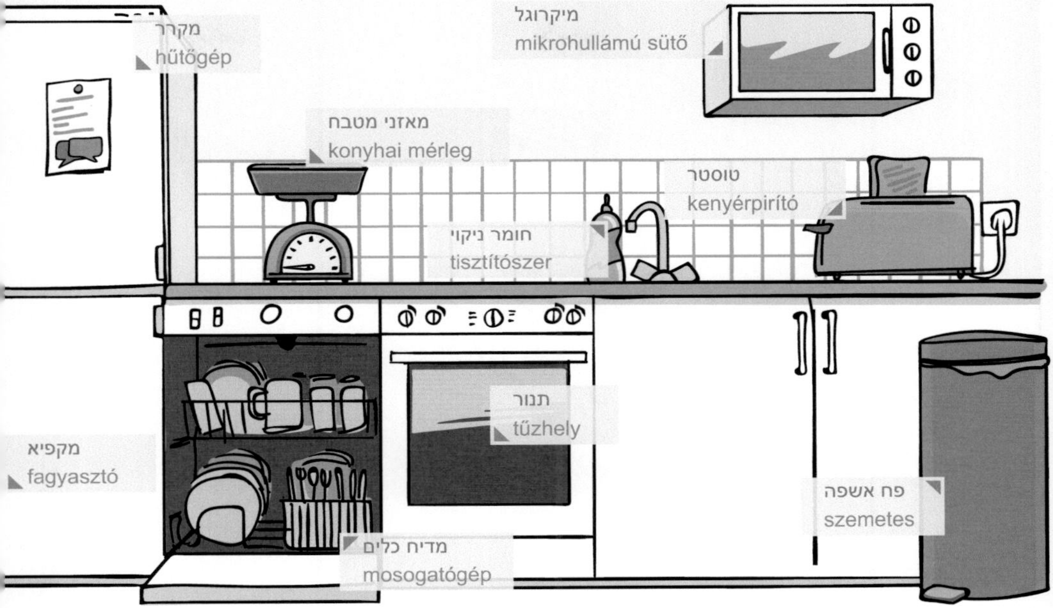

תנור
tűzhely

סיר
edény

סיר ברזל
vasfazék

ווק
wok / kadai

מחבת
serpenyő

קומקום חשמלי
vízforraló

מאדה

pároló

מגש אפייה

tepsi

כלי אוכל

étkészlet

ספל

bögre

קערה

tálka

צ'ופסטיקס

evőpálcika

מצקת

merőkanál

מרית

keverőlapátka

מטרפה

habverő

מסננת בישול

szűrő

מסננת

szita

מגרדת

reszelő

מכתש

mozsár

גריל

grillsütő

מדורה

kandalló

קרש חיתוך

vágódeszka

מערוך

sodrófa

פותחן פקקים

dugóhúzó

פחית

doboz

פותחן קופסאות

konzervnyitó

מטלית

edényfogó

כיור

mosogató

מברשת

kefe

ספוג

szivacs

בלנדר

turmixgép

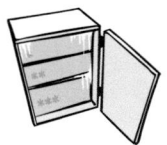

מקפיא

mélyhűtő

בקבוק לתינוק

cumisüveg

ברז

csap

חדר אמבטיה
fürdőszoba

חימום
fűtés
מקלחת
zuhany
מגבת
törölköző
וילון מקלחת
zuhanyfüggöny
אמבטיית קצף
habfürdő
אמבטיה
kád
כוס
pohár
מכונת כביסה
mosógép
ברז
csap
אריחים
csempe
סיר לילה
bili
כיור
mosogató

אסלה

toalett

אסלת כריעה

guggolós toalett

בידה

bidé

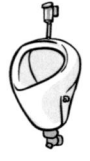

משתנה

piszoár

נייר טואלט

toalett papír

מברשת אסלה

wc kefe

מברשת שיניים

fogkefe

משחת שיניים

fogkrém

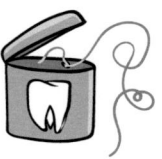

חוט דנטלי

fogselyem

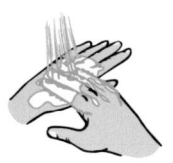

שטף

mosni

מקלחת יד

kézi zuhany

צינור שטיפה לשירותים

intimzuhany

קערת רחצה

mosdótál

מברשת גב

hátmosó kefe

סבון

szappan

ג'ל רחצה

tusfürdő

שמפו

sampon

ליפה

mosdókesztyű

ניקוז

lefolyó

קרם

krém

דיאודורנט

dezodor

מראה

tükör

מראת יד

kézitükör

סכין גילוח

borotva

קצף גילוח

borotvahab

אפטרשייב

borotválkozás utáni
arcszesz

מסרק

fésű

מברשת

hajkefe

מייבש שיער

hajszárító

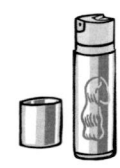

ספריי לשיער

hajlakk

איפור

smink

שפתון

ajakrúzs

לק

körömlakk

צמר גפן

vatta

מספריים לציפורניים

körömvágó olló

בושם

parfüm

תיק כלי רחצה

neszesszer

שרפרף

sámli

משקל

mérleg

חלוק רחצה

köntös

כפפות גומי

gumikesztyű

טמפון

tampon

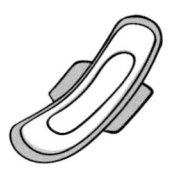

תחבושת סניטרית

egészségügyi betét

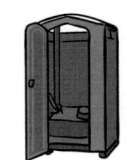

שירותים כימיקליים

vegyi WC

חדר ילדים
gyerekszoba

שעון מעורר
ébresztő óra
צעצוע חיבוק
plüssállat
מכונית צעצוע
játékautó
רעשן
csörgő
בית בובות
babaház
מתנה
ajándék

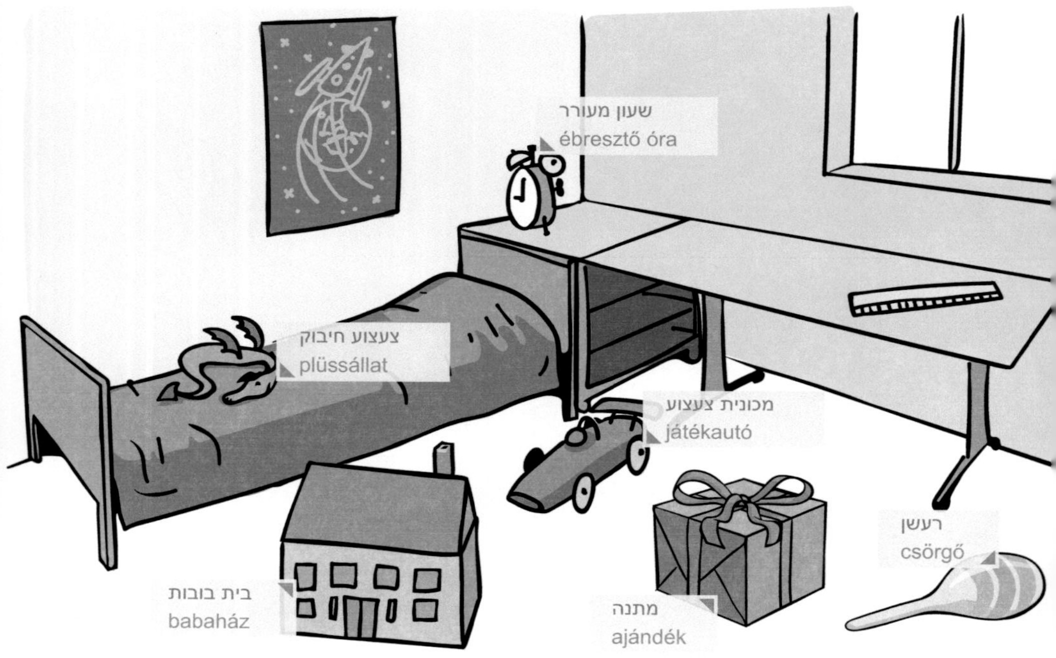

בלון

lufi

מיטה

ágy

עגלה

babakocsi

משחק קלפים

kártyapakli

פאזל

kirakós játék

קומיקס

képregény

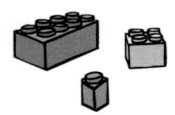

לגו

építőkockák

קוביות משחק

építőelem

דמות משחק

szuperhős

סרבל תינוקות

rugdalózó

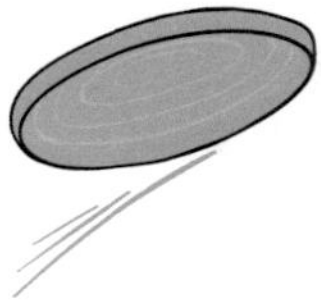

פריזבי

frizbi

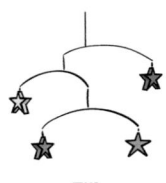

נייד

zenélő forgó

משחק לוח

társasjáték

קוביה

kocka

רכבת צעצוע

modellvasút

מוצץ

cumi

מסיבה

zsúr

אלבום תמונות

képeskönyv

כדור

labda

בובה

baba

שיחק

játszani

ארגז חול

homokozó

נדנדה

hinta

צעצועים

játékok

קונסולת משחקים

videójáték konzol

אופניים תלת גלגלי

tricikli

דובון

teddi maci

ארון בגדים

ruhásszekrény

בגדים

ruházat

גרביים

zokni

גרביונים

harisnya

גרביון

harisnyanadrág

צעיף sál	מטריה esernyő	חולצת טי póló
חגורה öv	מגפיים csizma	נעלי בית papucs
נעלי ספורט tornacipő		

סנדלים szandál	נעליים cipő	מגפי גומי gumicsizma
תחתונים alsónadrág	חזייה melltartó	וסט mellény

גוף

body

מכנסיים

nadrág

ג'ינס

farmer

חצאית

szoknya

חולצה מכופתרת

blúz

חולצה

ing

אפודה

pulóver

סווצ'ר עם קפוצ'ון

kapucnis pulóver

בלייזר

blézer

ז'קט

dzseki

מעיל

kabát

מעיל גשם

esőkabát

תלבושת

kosztüm

שמלה

ruha

שמלת כלה

esküvői ruha

חליפה

öltöny

כותונת לילה

hálóing

פיג'מה

pizsama

סארי

szári

מטפחת ראש

fejkendő

טורבן

turbán

בורקה

burka

קאפטן

kaftán

עבאיה

abaya

בגד ים

fürdőruha

בגד ים

fürdőnadrág

מכנסיים קצרים

rövidnadrág

בגד אימון

tréningruha

סינר

kötény

כפפות

kesztyű

כפתור

gomb

משקפיים

szemüveg

צמיד יד

karkötő

שרשרת

nyaklánc

טבעת

gyűrű

עגיל

fülbevaló

כובע

sapka

קולב

vállfa

כובע

kalap

עניבה

nyakkendő

רוכסן

cipzár

קסדה

bukósisak

כתפיות

nadrágtartó

תלבושת בית ספר

iskolai egyenruha

מדים

egyenruha

מפית אוכל

előke

מוצץ

cumi

חיתול

pelenka

משרד

iroda

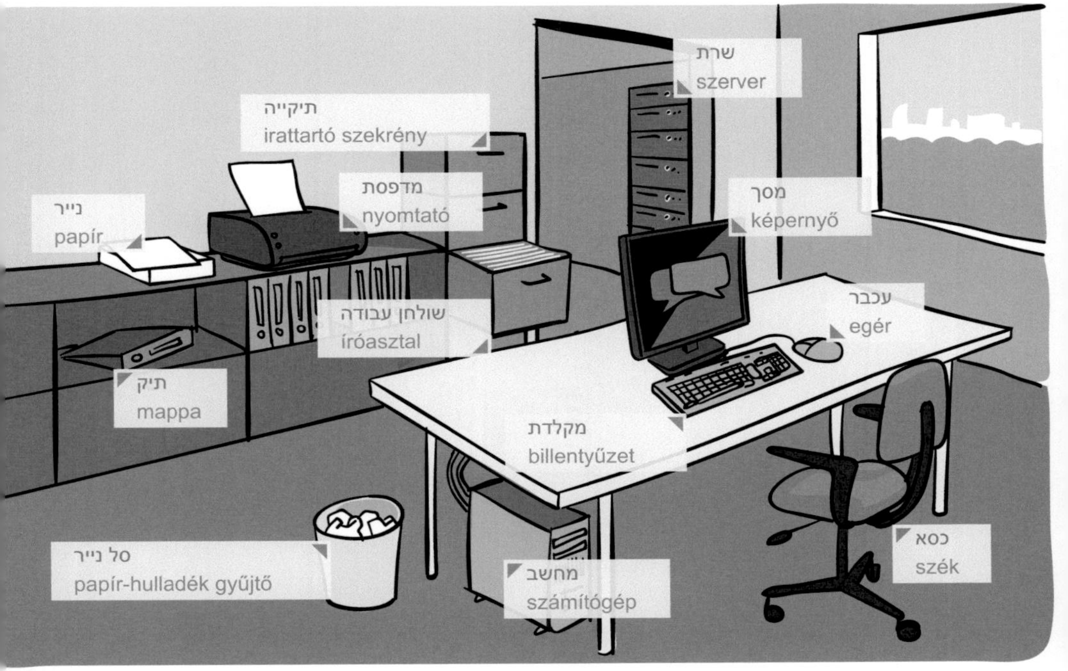

שרת
szerver

תיקייה
irattartó szekrény

מדפסת
nyomtató

מסך
képernyő

נייר
papír

שולחן עבודה
íróasztal

עכבר
egér

תיק
mappa

מקלדת
billentyűzet

כסא
szék

סל נייר
papír-hulladék gyűjtő

מחשב
számítógép

ספל קפה

kávéscsésze

מחשבון

számológép

אינטרנט

internet

מחשב נייד

laptop

מכתב

levél

הודעה

üzenet

נייד

mobiltelefon

רשת

hálózat

מכונת צילום

fénymásoló

תוכנה

szoftver

טלפון

telefon

שקע

konnektor

פקס

faxgép

טופס

formanyomtatvány

מסמך

dokumentum

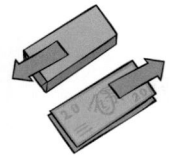

קנה

venni

שילם

fizetni

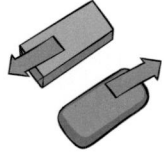

סחר

kereskedni

כסף

pénz

USD

דולר

dollár

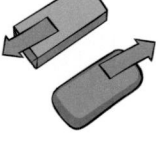

EUR

יורו

euró

JPY

ין

jen

RUB

רובל

rubel

CHF

פרנק שווייצרי

svájci frank

CNY

יואן רנמינבי

kínai jüan

INR

רופי

rúpia

כספומט

bankautomata

המרת מטבע

valutaváltó iroda

זהב

arany

כסף

ezüst

נפט

olaj

אנרגיה

energia

מחיר

ár

חוזה

szerződés

מס

adó

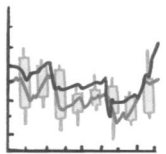

מנייה

részvény

עבד

dolgozni

עובד

munkavállaló

מעסיק

munkaadó

מפעל

gyár

חנות

üzlet

מקצועות
foglalkozások

שוטר
rendőr
כבאי
tűzoltó
טבח
szakács
רופא
orvos
טייס
pilóta

גנן

kertész

נגר

kárpitos

תופרת

varrónő

שופט

bíró

כימאי

vegyész

שחקן

színész

נהג אוטובוס

buszsofőr

נהג מונית

taxisofőr

דייג

halász

עובדת נקיון

bejárónő

מתקן גגות

tetőfedő

מלצר

pincér

צייד

vadász

צייר

festő

אופה

pék

חשמלאי

villanyszerelő

עובד בניין

építőmunkás

מהנדס

mérnök

קצב

hentes

אינסטלטור

vízvezeték-szerelő

דוור

postás

חייל

katona

אדריכל

építész

קופאי

eladó

מוכר פרחים

virágos

ספר

fodrász

כרטיסן

kalauz

מכונאי

műszerész

קברניט

kapitány

רופא שיניים

fogorvos

מדען

tudós

רב

rabbi

אימאם

imám

נזיר

szerzetes

כומר

lelkész

כלי עבודה
szerszámok

פטיש
kalapács
צבת
fogó
מברג
csavarhúzó
מפתח ברגים
csavarkulcs
פנס
elemlámpa

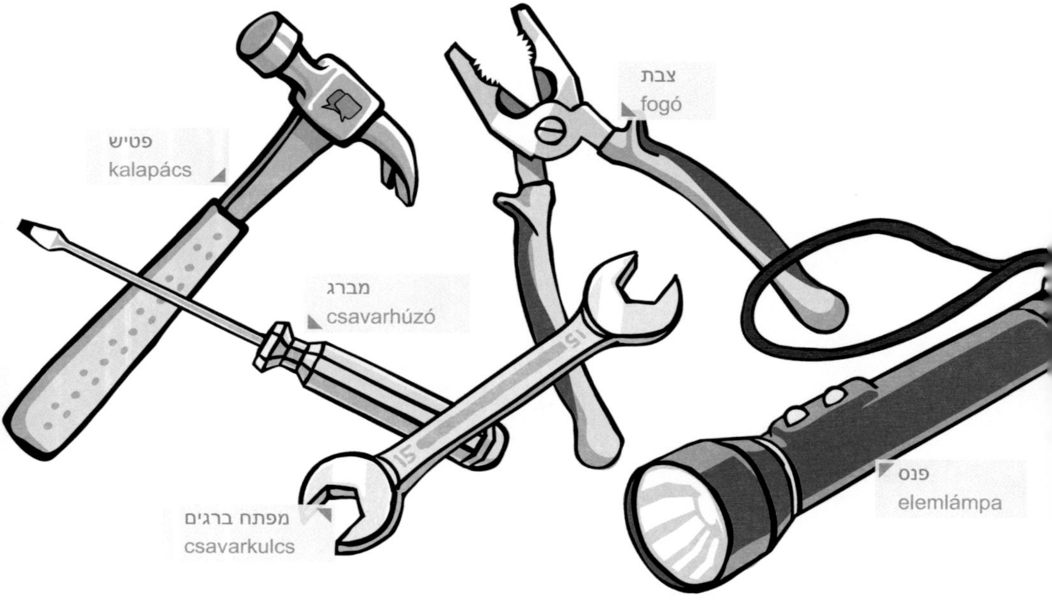

דחפור

markológép

ארגז כלים

szerszámosláda

סולם

vödör

מסור

fűrész

מסמרים

szög

מקדחה

fúrógép

תיקן

megjavítani

את חפירה

lapát

לעזאזל!

A francba!

יעה

szemétlapát

פח צבע

festékesdoboz

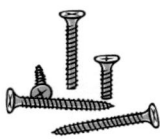

ברגים

csavar

כלי נגינה

hangszerek

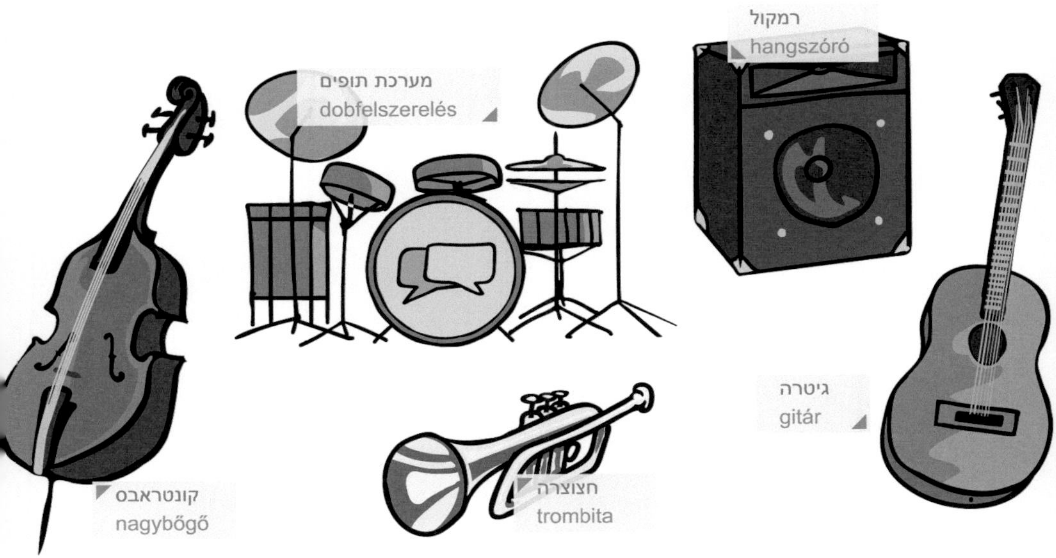

רמקול
hangszóró
מערכת תופים
dobfelszerelés
גיטרה
gitár
קונטראבס
nagybőgő
חצוצרה
trombita

פסנתר

zongora

כינור

hegedű

בס

basszusgitár

תוף הדוד

üstdob

תופים

dobok

מקלדת פסנתר

digitális zongora

סקסופון

szaxofon

חליל

fuvola

מיקרופון

mikrofon

גן חיות
állatkert

נמר
tigris
כניסה
bejárat
כלוב
kalitka
זברה
zebra
מזון לחיות
állateledel
פנדה
panda

בעלי חיים

állatok

פיל

elefánt

קנגרו

kenguru

קרנף

orrszarvú

גורילה

gorilla

דוב

medve

גמל

teve

יען

strucc

אריה

oroszlán

קוף

majom

פלמינגו

flamingó

תוכי

papagáj

דוב הקרח

jegesmedve

פינגווין

pingvin

כריש

cápa

טווס

páva

נחש

kígyó

תנין

krokodil

שומר גן החיות

állatgondozó

כלב ים

fóka

יגואר

jaguár

סוס פוני

póniló

לאופרד

leopárd

היפופוטאם

víziló

ג'ירפה

zsiráf

נשר

sas

חזיר בר

vaddisznó

דג

hal

צב

teknős

סוס ים

rozmár

שועל

róka

איילה

gazella

ספורט

sportok

פוטבול אמריקאי
amerikai futball
רכיבת אופניים
kerékpározás
טניס
tenisz
כדורסל
kosárlabda
שחיה
úszás
הוקי
jégkorong
אגרוף
boksz

כדורגל

futball

בדמינטון

tollas

אתלטיקה

atlétika

כדור-יד

kézilabda

עשה סקי

síelés

פולו

lovaspóló

פעילויות

tevékenységek

צחק
nevetni
קפץ
ugrani
חיבק
ölelni
הלך
sétálni
שר
énekelni
חלם
álmodni
התפלל
dicsérni
נשק
csókolni

כתב

írni

צייר

rajzolni

הראה

mutatni

דחף

tolni

נתן

adni

לקח

vinni

יש / להיות הבעלים

birtokolni

עשה

csinálni

היה

lenni

עמד

állni

רץ

futni

משך

húzni

זרק

hajít

נפל

esni

שכב

hazudni

חיכה

várni

סחב

vinni

ישב

ülni

התלבש

felvenni

ישן

aludni

התעורר

felébredni

הסתכל ב-

ránézni

בכה

sírni

ליטף

simogat

סירק

fésülni

דיבר

beszélni

הבין

megérteni

שאל

kérdezni

שמע

hallgatni

שתה

inni

אכל

enni

סידר

takarítani

אהב

szeretni

בישל

főzni

נהג

vezetni

עף

szállni

שט

vitorlázni

חישב

számol

קרא

olvasni

למד

tanulni

עבד

dolgozni

התחתן

házasodni

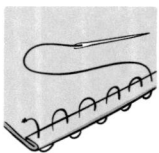

תפר

varrni

ציחצח שיניים

fogat mosni

הרג

ölni

עישן

dohányozni

שלח

küldeni

משפחה
család

סבתא
nagymama
סבא
nagypapa
אבא
apa
אימא
anya
תינוק
kisbaba
בת
lány
בן
fiú

אורח

vendég

דודה

nagynéni

דוד

nagybácsi

אח

fiútestvér

אחות

lánytestvér

גוף

test

מצח
homlok
עין
szem
פנים
arc
סנטר
áll
אצבע
ujj
כף יד
kéz
חזה
mell
זרוע
kar
כתף
váll
רגל
láb

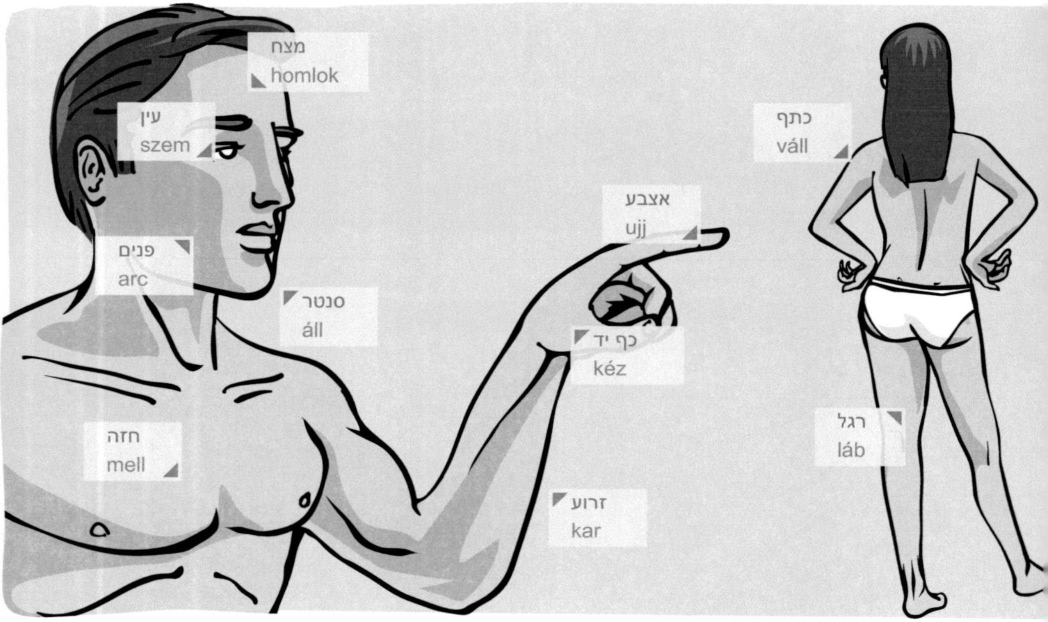

תינוק

kisbaba

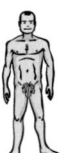

איש

ember

אישה

nő

ילדה

lány

ילד

fiú

ראש

fej

גב

hát

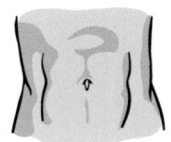

בטן

has

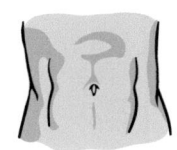

טבור

köldök

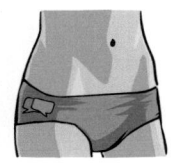

אצבע

lábujj

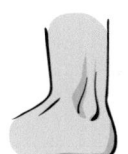

עקב

sarok

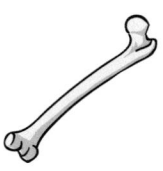

עצם

csont

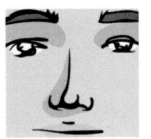

ירך

csípő

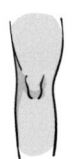

ברך

térd

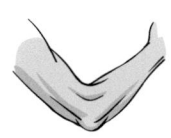

מרפק

könyök

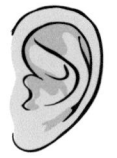

אף

orr

עכוז

fenék

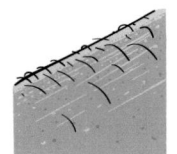

עור

bőr

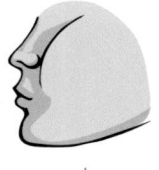

לחי

orca

אוזן

fül

שפתיים

ajak

פה
száj

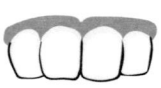

שן
fog

לשון
nyelv

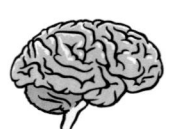

מוח
agy

לב
szív

שריר
izom

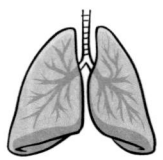

ריאה
tüdő

כבד
máj

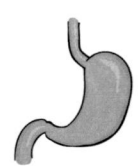

קיבה
gyomor

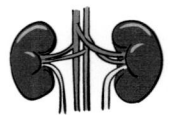

כליות
vese

מין
szex

קונדום
kondom

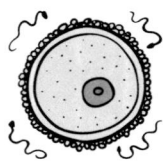

ביצית
petesejt

זרע
sperma

הריון
terhesség

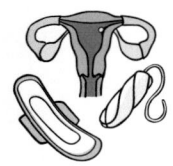

ווסת

menstruáció

נרתיק

vagina

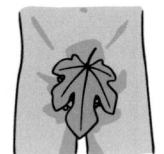

פין

pénisz

גבה

szemöldök

שיער

haj

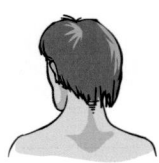

צוואר

nyak

בית חולים
kórház

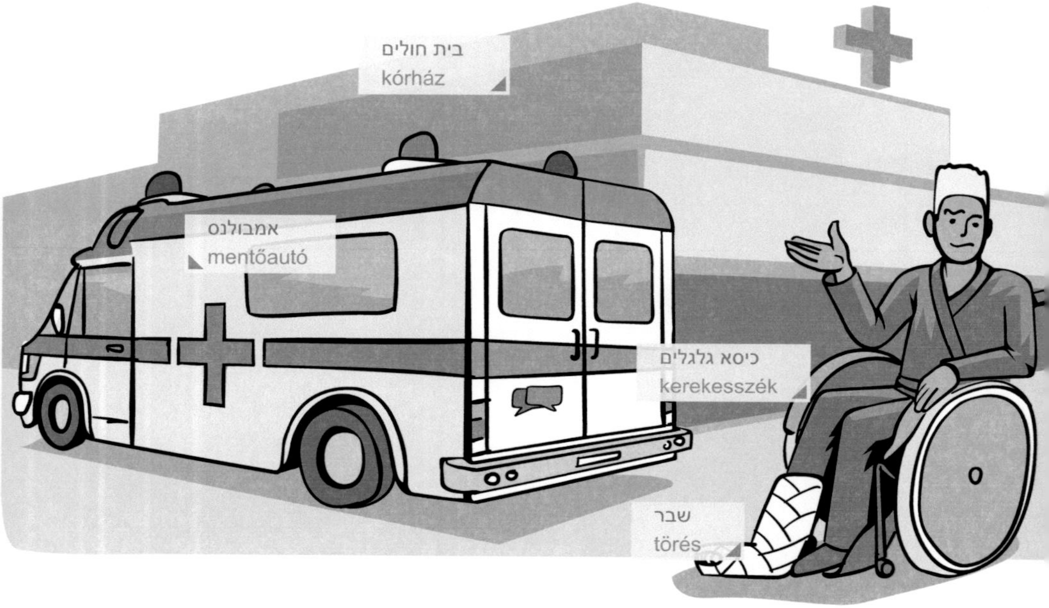

בית חולים
kórház
אמבולנס
mentőautó
כיסא גלגלים
kerekesszék
שבר
törés

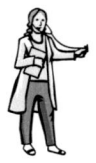

רופא
orvos

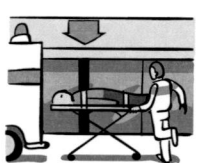

חדר מיון
sürgősségi osztály

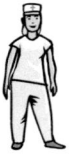

אחות
ápoló

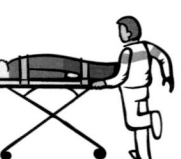

חירום
vészhelyzet

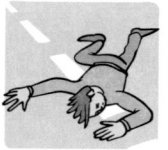

חסר הכרה
eszméletlen

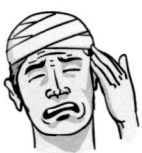

כאב
fájdalom

פציעה

sérülés

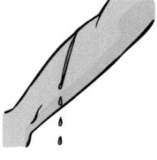

דימום

vérzés

התקף לב

szívroham

שבץ

szélütés

אלרגיה

allergia

שיעול

köhögés

חום

láz

שפעת

influenza

שלשול

hasmenés

כאב ראש

fejfájás

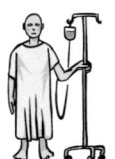

סרטן

rák

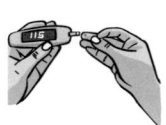

סוכרת

cukorbetegség

מנתח

sebész

אזמל

szike

ניתוח

műtét

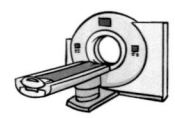

סי-טי

CT

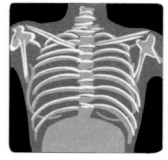

רנטגן

röntgen

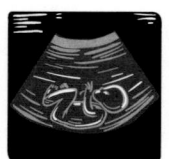

אולטרסאונד

ultrahang

מסיכת פנים

arcmaszk

מחלה

betegség

חדר המתנה

váróterem

קבה

mankó

פלסטר

sebtapasz

תחבושת

kötszer

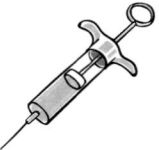

זריקה

injekció

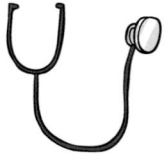

סטטוסקופ

sztetoszkóp

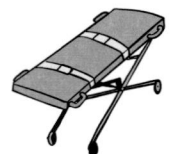

אלונקה

hordágy

מד חום

klinikai hőmérő

לידה

születés

עודף משקל

túlsúly

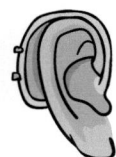

מכשיר שמיעה

hallókészülék

מחטא

fertőtlenítőszer

זיהום

fertőzés

נגיף

vírus

איידס

HIV/AIDS

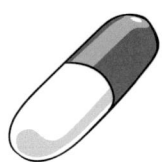

תרופה

orvosság

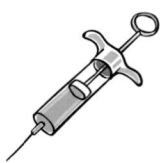

חיסון

oltás

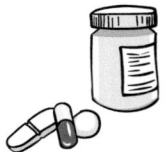

טבליות

tabletták

גלולה

tabletta

קריאת חירום

sürgősségi hívás

מד לחץ דם

vérnyomásmérő

חולה / בריא

betegség / egészség

חירום
vészhelyzet

הצילו!

Segítség!

אזעקה

riasztás

פשיטה

rajtaütés

תקיפה

támadás

סכנה

veszély

יציאת חירום

vészkijárat

אש!

tűz!

מטף כיבוי

tűzoltókészülék

תאונה

baleset

ערכת עזרה ראשונה

elsősegélycsomag

הצילו!

SOS

משטרה

rendőrség

כדור הארץ
föld

אירופה

Európa

צפון אמריקה

Észak-Amerika

דרום אמריקה

Dél-Amerika

אפריקה

Afrika

אסיה

Ázsia

אוסטרליה

Ausztrália

האוקיינוס האטלנטי

Atlanti-óceán

האוקיינוס השקט

Csendes-óceán

האוקיינוס ההודי

Indiai-óceán

האוקיינוס האנטרקטי

Déli-óceán

האוקיינוס הארקטי

Jeges-tenger

הקוטב הצפוני

Északi-sark

הקוטב הדרומי

Déli-sark

אנטארקטיקה

Antarktisz

כדור הארץ

föld

אדמה

szárazföld

ים

tenger

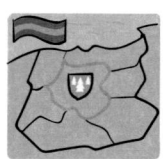

אי

sziget

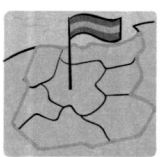

לאום

nemzet

מדינה

állam

פני השעון

számlap

מחוג השעות

kismutató

מחוג הדקות

nagymutató

מחוג השניות

másodpercmutató

מה השעה?

Mennyi az idő?

יום

nap

זמן

idő

עכשיו

most

שעון דיגיטלי

digitális óra

דקה

perc

שעה

óra

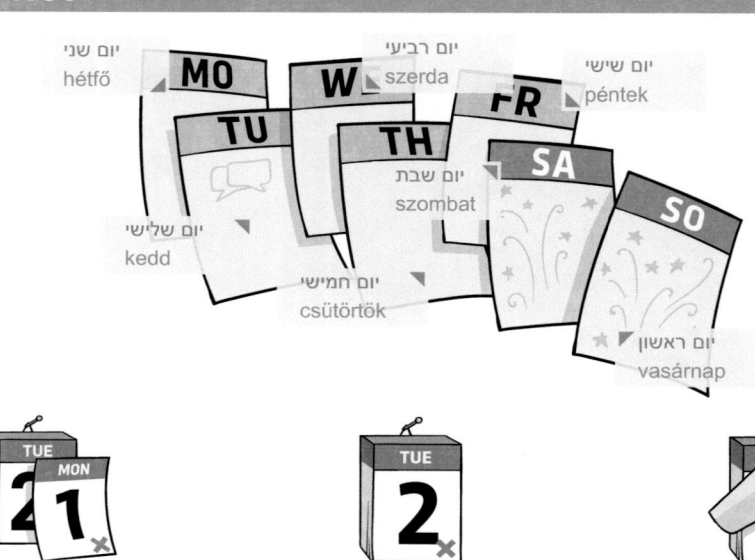

יום שני / hétfő — MO
יום רביעי / szerda — W
יום שישי / péntek — FR
יום שלישי / TU
יום חמישי / TH
יום שבת / szombat — SA
יום שלישי / kedd
יום חמישי / csütörtök
יום ראשון / vasárnap — SO

אתמול

tegnap

היום

ma

מחר

holnap

בוקר

reggel

צהריים

dél

ערב

este

MO	TU	WE	TH	FR	SA	SU
1	2	3	4	5	6	7
8	9	10	11	12	13	14
15	16	17	18	19	20	21
22	23	24	25	26	27	28
29	30	31	1	2	3	4

ימי עבודה

hétköznap

MO	TU	WE	TH	FR	SA	SU
1	2	3	4	5	6	7
8	9	10	11	12	13	14
15	16	17	18	19	20	21
22	23	24	25	26	27	28
29	30	31	1	2	3	4

סוף שבוע

hétvége

שנה
év

גשם
eső
קשת בענן
szivárvány
שלג
hó
רוח
szél
אביב
tavasz
סתיו
ősz
קיץ
nyár
חורף
tél

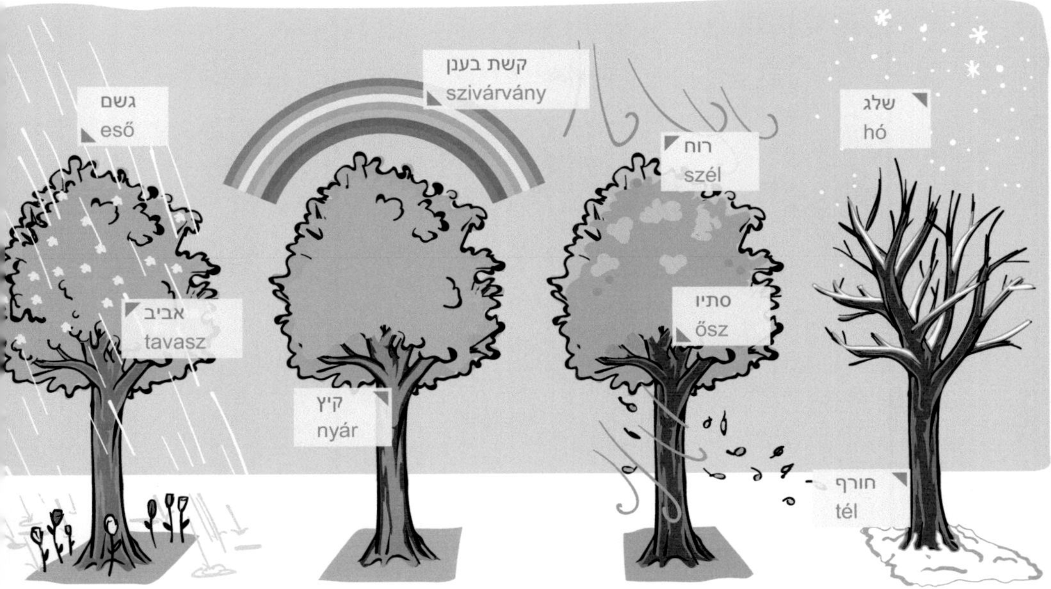

תחזית מזג האוויר

időjárás előrejelzés

מד חום

hőmérő

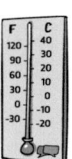

אור שמש

napsütés

ענן

felhő

ערפל

köd

לחות

páratartalom

ברק

villámlás

רעם

mennydörgés

סערה

vihar

ברד

jégeső

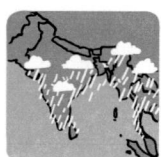

רוח עונתי

monszun

שיטפון

áradás

קרח

jég

ינואר

január

פברואר

február

מרץ

március

אפריל

április

מאי

május

יוני

június

יולי

július

אוגוסט

augusztus

ספטמבר

szeptember

אוקטובר

október

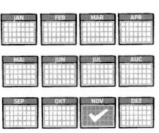

נובמבר

november

דצמבר

december

צורות

alakzatok

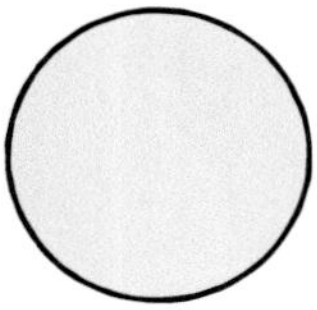

עיגול

kör

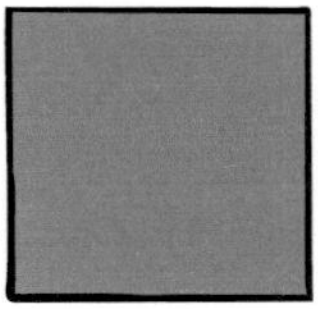

מרובע

négyzet

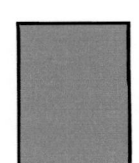

מלבן

téglalap

משולש

háromszög

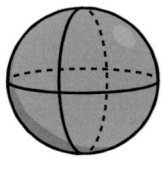

כדור

gömb

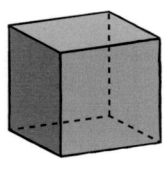

קובייה

kocka

צבעים

színek

לבן

fehér

צהוב

sárga

כתום

narancs

ורוד

rózsaszín

אדום

piros

סגול

lila

כחול

kék

ירוק

zöld

חום

barna

אפור

szürke

שחור

fekete

הרבה / מעט

sok / kevés

כועס / רגוע

mérges / nyugodt

יפה / מכוער

szép / csúnya

התחלה / סוף

kezdet / vég

גדול / קטן

nagy / kicsi

בהיר / כהה

világos / sötét

אח / אחות

fivér / nővér

נקי / מלוכלך

tiszta / koszos

שלם / חלקי

teljes / nem teljes

יום /לילה

nappal / éjszaka

מת / חי

halott / élő

רחב / צר

széles / keskeny

אכיל / לא אכיל

ehető / nem ehető

רשע / טוב לב

gonosz / kedves

מתרגש / משועמם

izgatott / unott

שמן / רזה

kövér / vékony

ראשון / אחרון

első / utolsó

חבר / אויב

barát / ellenség

מלא / ריק

teli / üres

קשה / רך

kemény / puha

כבד / קל

nehéz / könnyű

רעב / צמא

éhség / szomjúság

חולה / בריא

betegség / egészség

בלתי-חוקי / חוקי

illegális / legális

נבון / טיפש

intelligens / buta

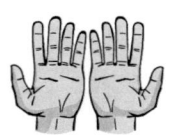

שמאל / ימין

bal / jobb

קרוב / רחוק

közel / távol

חדש / משומש

új / használt

כלום / משהו

semmi / valami

זקן / צעיר

idős / fiatal

פעיל / כבוי

be / ki

פתוח / סגור

nyitva / zárva

שקט / רועש

csendes / hangos

עשיר / עני

gazdag / szegény

נכון / שגוי

helyes / helytelen

מחוספס / חלק

érdes / sima

עצוב / שמח

szomorú / vidám

קצר / ארוך

rövid / hosszú

איטי / מהיר

lassú / gyors

רטוב / יבש

nedves / száraz

חם / קר

meleg / hideg

מלחמה / שלום

háború / béke

מספרים
számok

0

אפס

nulla

1

אחת

egy

2

שתיים

kettő

3

שלוש

három

4

ארבע

négy

5

חמש

öt

6

שש

hat

7

שבע

hét

8

שמונה

nyolc

9

תשע

kilenc

10

עשר

tíz

11

אחת-עשרה

tizenegy

12
שתים-עשרה
tizenkettő

13
שלוש-עשרה
tizenhárom

14
ארבע-עשרה
tizennégy

15
חמש-עשרה
tizenöt

16
שש-עשרה
tizenhat

17
שבע-עשרה
tizenhét

18
שמונה-עשרה
tizennyolc

19
תשע-עשרה
tizenkilenc

20
עשרים
húsz

100
מאה
száz

1.000
אלף
ezer

1.000.000
מיליון
millió

שפות
nyelvek

אנגלית

angol

אנגלית אמריקאית

amerikai angol

סינית מנדרינית

mandarin kínai

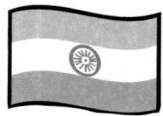

הודית

hindi

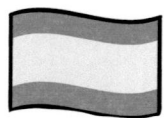

ספרדית

spanyol

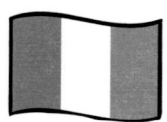

צרפתית

francia

ערבית

arab

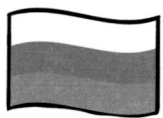

רוסית

orosz

פורטוגזית

portugál

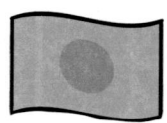

בנגלית

bengáli

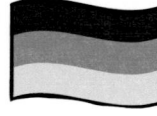

גרמנית

német

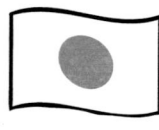

יפנית

japán

מי / מה / איך

ki / mi / hogyan

אני

én

אתה / את

te

הוא / היא / זה

ő

אנחנו

mi

אתם

ti

הם

ők

מי?

ki?

מה?

mi?

איך?

hogyan?

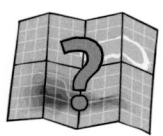

איפה?

hol?

מתי?

mikor?

שם

név

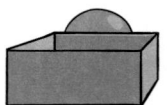

איפה
hol

מאחור

mögött

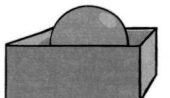

בתוך

benne

לפני

előtte

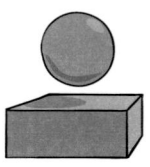

מעל

felette

על

rajta

מתחת

alatta

ליד

mellett

בין

között

מקום

hely